Les Vikings

Sommaire

Édition originale publiée en Grande-Bretagne en 2015 par Dorling Kindersley Limited, 80 Strand, London WC2R 0RL, sous le titre : Eyewonder : *Vikings*

Responsable éditorial Thomas Dartige
Suivi éditorial Anne-Flore Durand
Réalisation de l'édition française
ML Éditions, Paris
Agence Juliette Blanchot pour les pages d'activités
Traduction Michel Hourst, Agence Juliette Blanchot

Couverture Christine Régnier
Photogravure de couverture IGS

ISBN : 978-2-07-066825-0

Loi n° 49-956 du 16 juillet 1949
sur les publications destinées à la jeunesse.
Dépôt légal : septembre 2015
Numéro d'édition : 288453

Imprimé par Hung Hing en Chine
Ne peut être vendu au Canada

Gallimard Jeunesse
5, rue Gaston Gallimard
75328 Paris Cedex 07
France

Au temps des Vikings

Il y a plus de mille ans, du VIIIe au XIe siècle, des Vikings venus de Scandinavie (Norvège, Suède et Danemark) ont sillonné les mers, explorant et pillant au passage les régions où ils abordaient.

Dieu, héros ou guerrier ?
Les Vikings n'ont laissé ni peintures ni dessins, mais ils sculptaient et modelaient avec beaucoup de talent (ci-dessus, une tête en argent).

Ces flèches permettent de suivre les Vikings dans leurs périples.

À la découverte du monde
Les Vikings ont exploré, pillé et commercé jusqu'en Russie et au Proche-Orient. Ils ont aussi découvert l'Islande, le Groenland et l'Amérique du Nord.

À retenir

Viking : du vieux norvégien *vikingr*, signifiant pirate.

***Thing* :** assemblée locale où l'on discutait de problèmes communs.

***Karl, jarl, thrall* :** personne libre, noble, esclave.

Scalde : auteur de poèmes sur des rois et des héros.

Cette carte montre les routes maritimes probablement empruntées par les Vikings.

Pays d'origine

Établissements

Broche ovale en or délicatement ciselée

De remarquables artisans

Outre qu'ils furent de brillants marins et de féroces combattants, les Vikings travaillaient avec habileté le fer et les métaux précieux, le bois et les textiles.

Le casque était fait de plaques métalliques soudées.

D'habiles forgerons fabriquaient des glaives solides et acérés.

De puissants guerriers

Les raids des féroces guerriers vikings étaient très redoutés. Alliant la puissance à la rapidité, ils attaquaient et pillaient impitoyablement villes, fermes et monastères.

Rois de la mer

Les Vikings étaient d'excellents marins. Bien conçus, leurs navires leur permettaient de supporter de longs et périlleux voyages le long des côtes et en haute mer.

Navire viking représenté avec une proue en forme d'animal mythique

Propulsion mixte

Longs et rapides, les *langskips* ou *knörrs* (improprement appelés drakkars) combinaient les rames, pour remonter les fleuves et les eaux côtières, avec les voiles, pour franchir d'importantes distances en haute mer.

C'est encore loin ?

Ne connaissant pas la boussole, les Vikings naviguaient autant que possible à proximité des côtes, ou encore estimaient leur position en fonction du soleil et des étoiles. Ils se transmettaient d'une génération à l'autre les informations acquises par l'expérience. Leur connaissance des poissons, des oiseaux de mer, des vents et de la forme des vagues leur permettait de s'orienter et de survivre.

Des bateaux racés

Les Vikings avaient divers bateaux : pour la guerre *(langskips)*, le transport de personnes sur les fleuves et dans les fjords, l'acheminement des marchandises, la pêche; ainsi que des petits bateaux à rames pour évoluer sur les lacs.

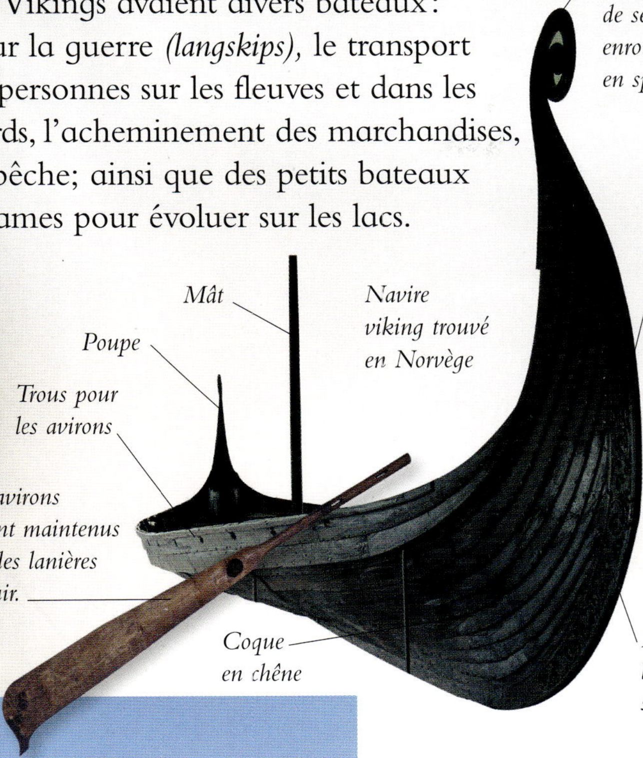

Un précieux héritage

La sculpture viking tient une place importante dans la culture scandinave. Ce navire est exposé dans un musée de Stockholm.

Les navires vikings étaient polyvalents et rapides. Ils pouvaient aussi naviguer sur des cours d'eau étroits et peu profonds.

Une figure de proue monstrueuse devait inspirer la terreur.

Une tête à faire peur

Souvent, les Vikings ornaient la proue de leurs navires d'une tête de monstre ou de dragon pour effrayer leurs ennemis. Certaines étaient sans doute amovibles : on les mettait en place avant de débarquer.

De grands explorateurs

Remarquables navigateurs et constructeurs de bateaux, les Vikings partaient en mer à la recherche de nouvelles terres à exploiter. Ils débarquèrent en Amérique du Nord plusieurs siècles avant Christophe Colomb et découvrirent aussi l'Islande et le Groenland.

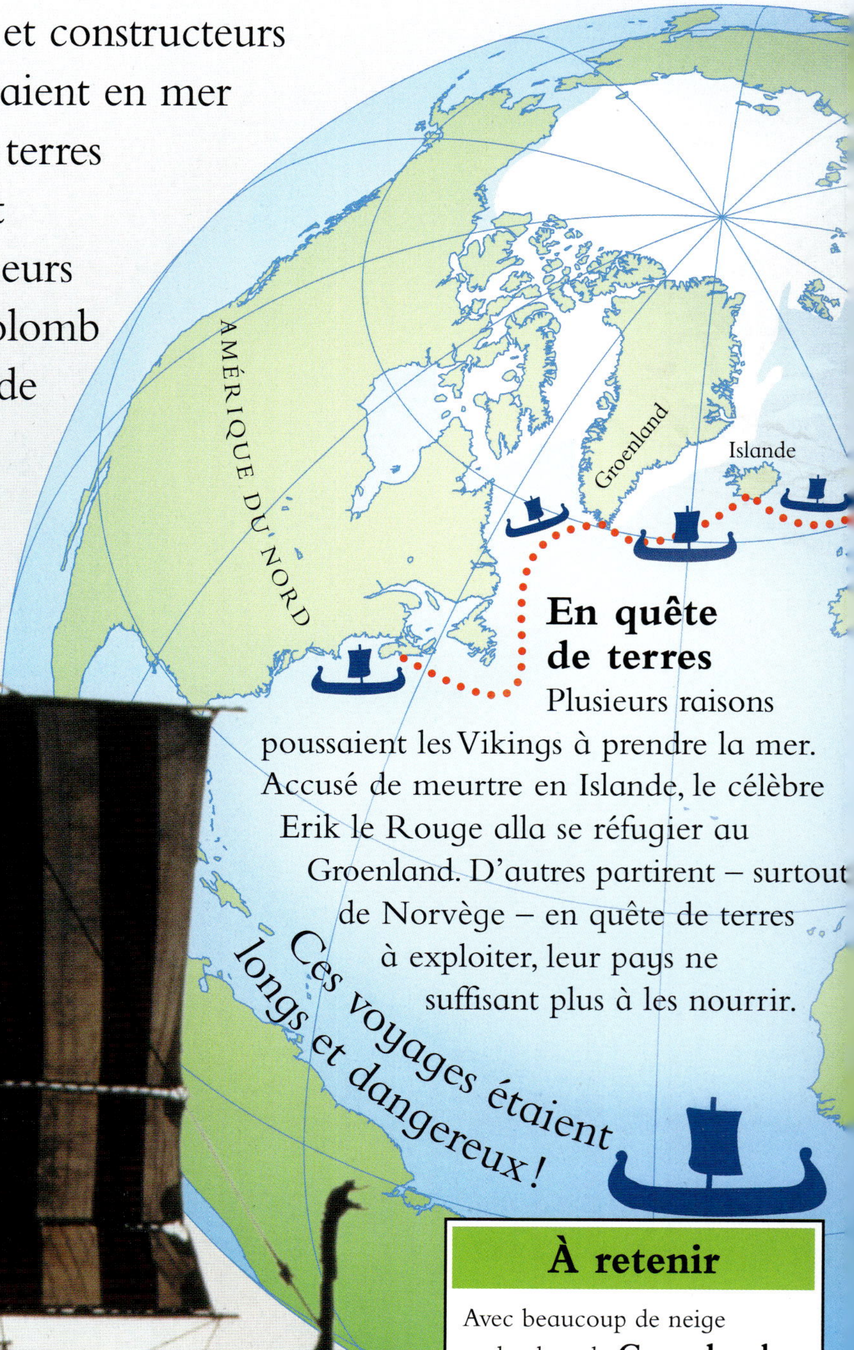

En quête de terres

Plusieurs raisons poussaient les Vikings à prendre la mer. Accusé de meurtre en Islande, le célèbre Erik le Rouge alla se réfugier au Groenland. D'autres partirent – surtout de Norvège – en quête de terres à exploiter, leur pays ne suffisant plus à les nourrir.

Ces voyages étaient longs et dangereux !

À retenir

Avec beaucoup de neige et de glace, le **Groenland** est presque tout blanc.

Il fallait sept jours pour aller de la Suède à l'**Islande**.

On découvrit en 1960 des traces d'établissements vikings à **Terre-Neuve**.

Une terre de glace

Les Vikings découvrirent l'Islande en 860. Avec ses montagnes, ses glaciers et ses volcans actifs, l'intérieur n'est guère habitable. Les Vikings s'installèrent donc de préférence sur la côte, verte et fertile, et ils y étaient déjà nombreux en 930.

Site d'Althing, en Islande, où se réunissait chaque année le thing *(voir p. 31)*

Le Rouge et le Vert

Pour inciter d'autres Vikings à l'y suivre, Erik le Rouge nomma Groenland (pays vert) le pays neigeux qu'il explorait. Deux établissements y furent créés. On s'y nourrissait de moutons et de bétail élevés sur place, mais aussi de phoques et de rennes.

En Islande, statue de Leif Erikson (voir ci-dessous), fils d'Erik le Rouge.

Ruines vikings au Groenland

Un nouveau monde

Leif Erikson fut le premier Européen à atteindre l'Amérique du Nord. L'établissement qu'il créa à Terre-Neuve est le plus ancien – et d'ailleurs le seul – comptoir européen du Nouveau Monde.

Reconstitution d'un établissement viking à l'Anse-aux-Meadows, à Terre-Neuve, île du Canada oriental

Terrifiants Vikings

Explorateurs, les Vikings étaient aussi des pillards : dans toute l'Europe, pour amasser du butin, ils lançaient des raids sur les villes et bourgs installés sur les côtes ou encore le long des fleuves. Une fois sur place, ils se faisaient parfois payer très cher pour lever le camp.

Manuscrit du XIVe siècle évoquant l'invasion de la Grande-Bretagne par les Vikings plusieurs siècles plus tôt.

Arrivant par surprise, les guerriers pouvaient attaquer, piller et rembarquer avant que le seigneur local n'ait le temps d'intervenir.

Les raids

Le plus souvent, les Vikings débarquaient le temps de mettre à sac des fermes, des églises ou des monastères, avant de repartir avec leur butin et des esclaves.

Cette pierre tombale, sur laquelle sont représentés des pillards vikings, a été retrouvée au monastère de Lindisfarne.

Des ruines sacrées

Le célèbre monastère de Lindisfarne, dans le nord-est de l'Angleterre, fut plusieurs fois attaqué par des Vikings qui, en 793, le pillèrent et assassinèrent les moines. Il n'en reste aujourd'hui que des ruines.

Paris assiégé

Cette estampe rappelle un violent assaut porté contre Paris, en 885, par plusieurs milliers de Vikings dirigés par Rollon.

Les langskips étaient conçus pour naviguer en eau peu profonde : rivières ou hauts-fonds.

Monnaies datant de l'époque où les Vikings s'étaient imposés en Irlande.

Cette croix épiscopale irlandaise fut rapportée en Suède par des Vikings.

Une victoire en Irlande

Dès 795, les Vikings attaquaient l'Irlande et, vers 820, ils commencèrent à pénétrer à l'intérieur des terres. Ils firent de Dublin un important centre de commerce, qui leur servait aussi de base pour porter des attaques contre le reste du pays.

À retenir

- Des Vikings, « hommes du Nord » *(Norsemen)*, s'installèrent dans l'actuelle Normandie.
- Une expédition viking mena 62 navires en Espagne, en Italie et en Afrique.
- Les premiers raids vikings datent de la fin du VIIIe siècle.

Armes et guerriers

Suivant partout leur roi ou leur seigneur, les guerriers vikings, courageux et audacieux, croyaient que la gloire acquise au combat était éternelle, jusqu'après la mort. Ils se faisaient souvent enterrer avec ce qu'ils avaient de plus précieux : leurs armes.

Le dieu guerrier

Tyr, dieu viking (manchot) de la Guerre, porte ici une tête d'ours sur la tête et une cape en peau d'ours.

Les symboles du pouvoir

Les armes des grands chefs étaient délicatement ouvragées, pour montrer leur importance. Cette tête de hache en fer est incrustée de fils d'argent.

Lame de hache large

La lame des épées vikings était à double tranchant.

Le pommeau est l'extrémité d'une épée.

Fer de lance

Faits de bois, les boucliers étaient ronds, comme ceux qu'on utilise pour les reconstitutions.

Des hommes de fer

Les armes étaient en fer, parfois décorées de cuivre ou d'argent. Pour les rendre bien tranchantes, on ajoutait du charbon au fer quand il était brûlant.

En selle

Si les premiers Vikings combattaient à pied, ils devinrent vite d'excellents cavaliers. Ce cheval en argent date du Xᵉ siècle.

Pas besoin de cornes

On imagine souvent les guerriers vikings portant des casques à cornes, mais ce n'est pas prouvé : il n'en reste que de rares exemplaires et les spécialistes pensent qu'ils étaient réservés à des rituels religieux. Le mythe de Vikings portant des casques à cornes fut créé au XIXᵉ siècle par des artistes romantiques.

Sur le champ de bataille

Au combat, les Vikings étaient redoutables : bien se battre était preuve de noblesse, et les meilleurs se voyaient souvent attribuer des terres et du butin.

Les Vikings étaient friands des attaques surprises : arrivant par bateau, ils ne descendaient à terre que le temps de se battre et de piller.

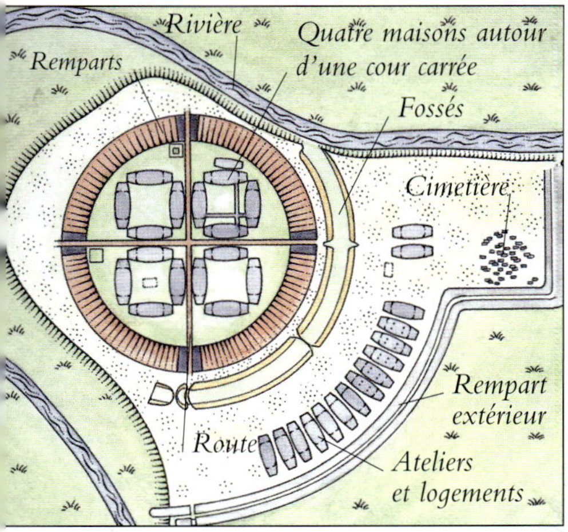

Vivre dans un fort

Vers 980, les Vikings construisirent quatre grands forts circulaires (Aggersborg, Fyrkat, Trelleborg et Nonebakken) au Danemark, probablement sur l'ordre de Harald « Dent bleue », qui voulait affirmer ainsi son autorité royale et sa puissance.

Extension

Trelleborg était un peu différent, avec quinze maisons à l'extérieur du rempart principal, protégées par un rempart supplémentaire.

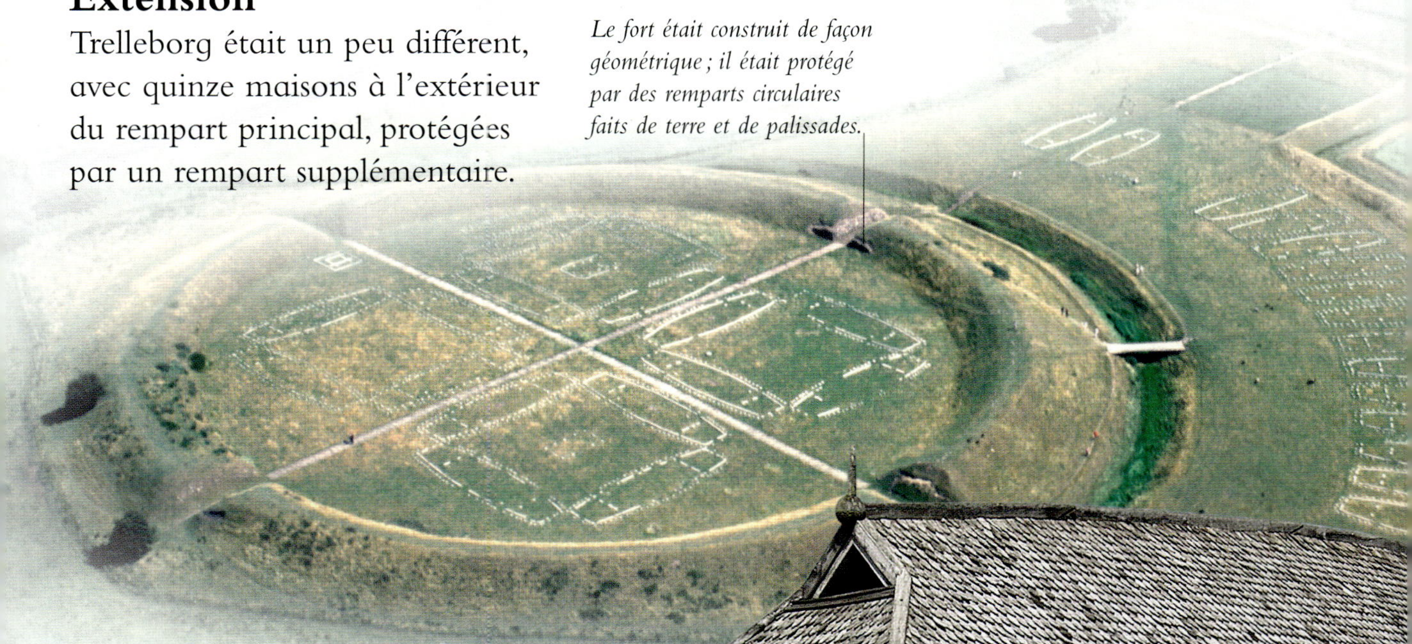

Le fort était construit de façon géométrique ; il était protégé par des remparts circulaires faits de terre et de palissades.

Trelleborg (ci-dessus) avait un diamètre de 136 mètres.

Reconstitution

Au fort de Fyrkat, une maison viking a été reconstituée : la porte ouvre sur une petite entrée, qui donne sur une vaste salle commune.

Le bouclier était en bois bordé de métal ou de cuir.

À la pointe de l'épée

À Trelleborg, on reconstitue des scènes de la vie courante des Vikings. Ici, des guerriers se combattent à l'épée. Les Vikings donnaient un nom à leur épée, tel que «mord-jambes» ou «tueuse». Les plus riches faisaient décorer la poignée de leur arme.

Sur cette tête de flèche, l'encoche sert à couper les ailettes qui garniront le talon de la flèche.

Le forgeron travaillait le fer et les métaux précieux. Celui-ci affûte au marteau des pointes de flèche.

Le forgeron fabriquait des lames de lance longues et affûtées.

Au travail

À Fyrkat, deux bâtiments servaient d'ateliers : on y forgeait des armes mais on y fabriquait aussi des bijoux en fer, en argent et en or.

Il y avait aussi des ateliers pour le travail du bois.

L'arme la plus courante était la hache à tête large et à long manche.

Vie de famille

En général rectangulaires, les maisons pouvaient abriter plusieurs générations. Les pauvres ne possédaient pas grand-chose et vivaient sobrement, mais, chez les riches, on pouvait trouver des meubles en bois et des lambris décoratifs.

Des solutions pratiques
Pour isoler le toit, faute de bois, les Vikings employaient souvent des mottes de tourbe (ci-dessus), de l'écorce ou du chaume (ci-dessous).

Le chaume est de la paille séchée et tassée.

À retenir

- Les objets précieux étaient confiés aux femmes.
- En général, tout le monde couchait dans la même pièce. Mais, chez les riches, les domestiques dormaient à part.
- On s'éclairait avec des torches de paille pressée.

Des murs de torchis

Les murs de certaines maisons étaient faits de clayonnages (branches tressées) sur lesquels on appliquait une épaisse couche de torchis.

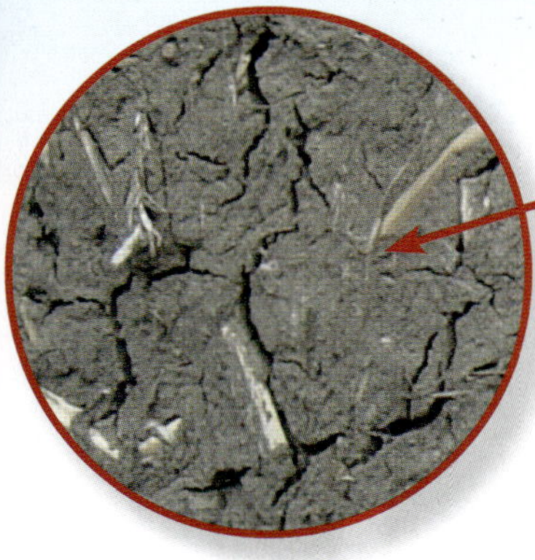

Mélange d'argile et de paille, le torchis servait d'isolant.

Le plan général

Le plus souvent, la maison ne comportait qu'une pièce commune ; on s'asseyait et on dormait sur des banquettes le long des murs. Sur cette reconstitution, il ne manque plus que le torchis.

Clé en bronze du IXe siècle trouvée au Danemark

Sous clé

Les Vikings rangeaient leurs objets précieux dans des coffres fermés à clé. Les clés étaient des symboles de responsabilité.

Le foyer, cœur de la maison

Pour manger, boire et discuter, les Vikings se réunissaient autour d'un foyer surélevé ; le feu servait à se chauffer, à cuisiner et à s'éclairer.

Les vêtements

Les hommes portaient des chapeaux ronds ou pointus, parfois ornés d'un bijou en argent.

Les vêtements ordinaires étaient en laine ; les tuniques et les robes étaient parfois bordées de galons de couleur. Les riches portaient des vêtements décorés de fils d'or et d'argent.

La plupart des broches vikings étaient ovales.

En miniature

Les enfants étaient habillés comme leurs parents – les garçons d'une tunique sur un pantalon, et les filles d'une robe et d'un tablier.

Les Vikings se coiffaient avec des peignes qui ressemblaient beaucoup aux nôtres, mais qui étaient en os.

À la dernière mode

Les femmes portaient une robe recouverte d'un tablier, les hommes des chemises en forme de tunique sur des pantalons en laine et, souvent, un manteau. Les broches servaient à attacher les tabliers des femmes ou les manteaux des hommes.

Riches et pauvres portaient des chaussures de cuir, en général en peau de chèvre.

De pied en cap

Coiffé d'un casque en métal, le guerrier riche portait une lourde tunique en cuir ou une cotte de mailles, et un manteau ouvert sur le bras qui tenait l'arme. Le baudrier servait à tenir l'épée en place.

La maille de fer était faite de milliers d'anneaux en fer reliés entre eux.

La cotte de mailles était très lourde mais souple.

Avec ce casque en fer, le nez était protégé par le nasal, et la nuque par de la maille de fer.

Les guerriers de haut rang portaient une peau de loup.

Ceinture en cuir avec boucle en bronze

Au combat, les guerriers vikings ne portaient pas d'uniforme ; chaque homme devait fournir ses vêtements et ses armes.

La piétaille

Lorsqu'il partait à la guerre avec son chef ou son seigneur, le paysan n'avait pas de vêtement de protection. Il était armé d'une hache ou d'une lance et d'un bouclier en bois.

Les paysans n'étaient pas des esclaves mais des hommes libres, le plus souvent cultivateurs.

Hache d'armes

Bouclier

Les bijoux

Hommes et femmes portaient volontiers des bijoux : bagues, broches, bracelets et colliers. Ceux-ci étaient en bronze, en étain ou en os pour les pauvres, en argent ou en or pour les riches.

Les bijoux étaient souvent ornés de symboles mythologiques. Ce pendentif gravé évoque le marteau du dieu Thor.

Bijoux tendance

Pour leurs bijoux, les Vikings s'inspiraient volontiers de l'art d'autres pays. Cette agrafe, plus décorative que pratique, est réalisée dans un style que les Vikings ont copié des îles Britanniques.

Agrafe en argent incrustée d'or

La niellure se faisait en incrustant dans une ciselure un mélange d'argent, de cuivre et de plomb.

À retenir

- Les bijoux reflétaient le statut social du Viking.
- Les rois offraient des bijoux aux plus valeureux guerriers.
- Les objets précieux étaient gardés dans des caches souterraines. L'une d'elles fut mise au jour avec 40 kilos d'argent.

Broche réalisée en comprimant des feuilles d'or dans une matrice

Les dessins (cœurs et boucles) étaient réalisés en fils d'or tressés, les espaces vides étant ensuite remplis d'or.

Détails pratiques

Tout ce qui ne pouvait pas s'attacher avec des lacets ou une ceinture était fixé à l'aide de broches ou d'agrafes.

Autour du cou

Pour les colliers, les Vikings employaient de l'or, de l'argent (parfois des monnaies arabes fondues), de l'ambre et du verre. Les pendentifs étaient accrochés à des chaînes ou à des lanières en cuir.

Collier en perles de verre

Collier en perles d'ambre et de verre et de défenses de sanglier. On faisait beaucoup de bijoux avec les os des animaux qu'on avait mangés.

Les Vikings appréciaient beaucoup les perles, qu'ils raflaient lors des pillages ou qu'ils fabriquaient eux-mêmes.

Les artisans faisaient fondre du verre brisé pour en faire des perles de couleur.

Bagues et anneaux

Seules les Suédoises portaient des boucles d'oreilles ; mais tous les Vikings, hommes et femmes, avaient des bracelets ainsi que des bagues en or, en jais, en verre de couleur et en ambre.

Hommes et femmes portaient des bagues.

Ces délicates décorations ont été faites à l'aide d'un estampeur.

Vivre de la terre

Quoique trop nombreux dans des régions arides, les Vikings vivaient surtout de la culture et de l'élevage. Aussi beaucoup partirent chercher de plus en plus loin des terres plus vastes et plus fertiles.

Pour faire de la farine, les Vikings plaçaient du grain entre deux meules. Une poignée permettait de faire tourner la pierre supérieure sur celle du bas.

La ferme de Jarlshof

À l'origine, cette ferme viking du IXe siècle, en Écosse, se composait de deux pièces : la salle commune et la cuisine. Les habitants dormaient sur des banquettes disposées le long des murs.

Les légumes de culture

S'ils consommaient des végétaux sauvages, les Vikings cultivaient aussi des légumes adaptés au climat froid : carottes, panais, navets, céleris, poireaux, oignons, pois et choux.

Des animaux utiles

Les Vikings élevaient du bétail pour la viande et la peau mais surtout pour le lait, dont ils faisaient du beurre et du fromage.

Un outil multifonctions

Ces cisailles servaient à couper le tissu, tondre les moutons et se tailler la barbe.

Avec la laine, les Vikings faisaient des vêtements et des couvertures.

Les repas

Chez les Vikings, le feu brûlait en permanence pour se chauffer et cuisiner, aussi les maisons étaient-elles très enfumées. Le repas principal avait lieu après le coucher du soleil.

Une pêche abondante

Sur la côte ou en bordure des rivières et des lacs, les produits de la pêche étaient des aliments essentiels.

On faisait sécher le poisson pour le conserver pendant l'hiver.

Sur le feu

Les Vikings faisaient cuire leur nourriture dans un chaudron en fer ou en stéatite qu'un crochet relié par une chaîne à un trépied maintenait au-dessus du feu.

Pots en argile

Les premiers Vikings employaient des récipients en bois, mais l'usage de l'argile se répandit rapidement. Sur ce pot, les trous indiquent que la fissure a été rapiécée.

Un régime varié

Outre le poisson et la viande, les Vikings mangeaient des œufs, des légumes et des baies sauvages, ainsi que des herbes potagères.

Le pain quotidien

Le pain ordinaire, à base de farine d'orge, était cuit en galettes sur une tôle placée sur le feu. Les riches mangeaient du pain à la farine de blé, cuit au four.

Pour attraper du gibier, les Vikings posaient des pièges ou tiraient des flèches courtes.

À la chasse

Outre des lièvres et des canards, les Vikings chassaient chevreuils, ours, élans, sangliers, rennes, baleines et phoques.

À retenir

Chaudron : bassine pour cuisiner sur un feu ouvert.

Conserver : traiter la nourriture pour l'empêcher de pourrir.

Assaisonner : ajouter des herbes et des épices pour donner du goût.

L'artisanat

Leur artisanat a largement contribué aux succès des Vikings : navires résistants et rapides, armes acérées, bijoux superbes, vêtements solides, outils robustes et ustensiles de cuisine pratiques.

Guerrier sculpté sur un traîneau en bois du IXe siècle.

Les maîtres du bois

Des statuettes aux meubles, les Vikings excellaient dans le travail du bois ; ils savaient aussi décorer leurs œuvres de ciselures et parfois de peintures.

Cette réplique d'un métier à tisser est dressée contre un mur, comme autrefois.

Le tissage

Les Vikings tissaient sur des métiers verticaux ; de lourds anneaux de pierre maintenaient les fils tendus et serrés.

Le bord du bouclier était souvent protégé par une bande de cuir.

Beaucoup de cuir

Avec le cuir, les Vikings fabriquaient chaussures, ceintures et vêtements, mais aussi, pour les guerriers, gilets, fourreaux et carquois.

La vannerie
Les Vikings fabriquaient des paniers en osier, en roseau et en paille.

À retenir

- Le forgeron fabriquait épées, lances, chaudrons et serrures.
- Le menuisier savait quel bois utiliser pour un objet particulier et comment le travailler.
- La laine et le lin étaient filés tant par les hommes que par les femmes.

Le commerce

Les Vikings commerçaient jusqu'en Asie centrale et en Russie. Ils achetaient de l'argent, de la soie, du vin, des épices, des bijoux, du verre et de la poterie ; ils vendaient du miel, de l'étain, du blé, de la laine, du poisson et de l'ivoire de morse. Partout, ils achetaient et vendaient des esclaves.

Les ressources du Nord

Les Vikings vendaient dans toute l'Europe des fourrures, des peaux et de l'ivoire de Scandinavie, du Groenland et d'Islande.

Trouvées sur l'île de Lewis, ces pièces de jeu d'échecs en ivoire de morse avaient été perdues lors d'un voyage en Angleterre ou en Écosse.

Comme de l'or

L'ambre faisait l'objet d'un commerce actif, à l'état brut ou sous forme de perles.

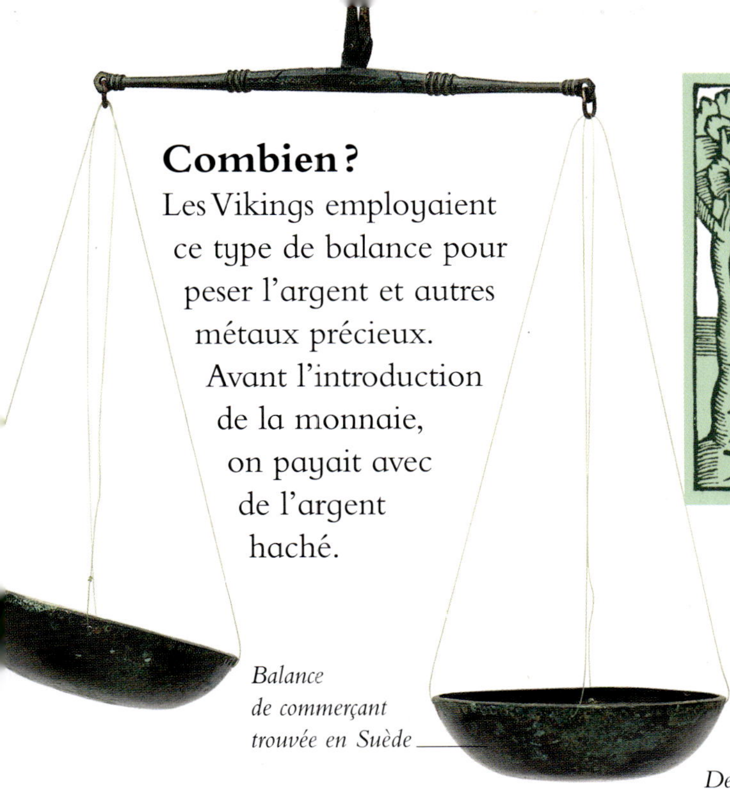

Combien ?

Les Vikings employaient ce type de balance pour peser l'argent et autres métaux précieux. Avant l'introduction de la monnaie, on payait avec de l'argent haché.

Balance de commerçant trouvée en Suède

Toujours plus loin

En Russie, les Vikings transportaient leurs bateaux à dos d'homme pour passer d'un fleuve à l'autre. La navigation y était dangereuse et les morts fréquentes.

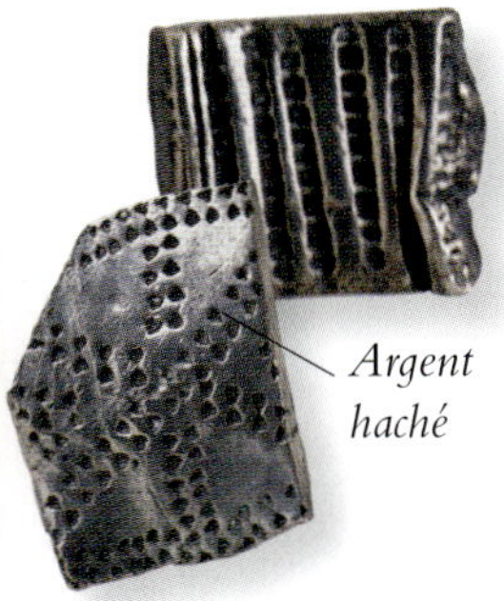

Argent haché

De l'argent haché

Les Vikings avaient coutume de couper en lamelles les bijoux et les barres d'argent. Pour eux, le poids du métal avait plus d'importance que son apparence.

Pièces vikings

Des Vikings achetaient du froment en Grande-Bretagne.

Ce bouddha en bronze, fabriqué en Inde au VIe ou au VIIe siècle, fut trouvé à Helgo, centre de commerce suédois.

L'échange et le troc

Longtemps, les Vikings pratiquèrent le troc, échangeant des marchandises contre d'autres. Des pièces de monnaie ne furent frappées que très tardivement ; c'est le roi Harald « Dent bleue » qui en propagea l'usage à partir de 975.

La société

La société viking se composait de trois classes : au bas de l'échelle, il y avait les esclaves ; au-dessus, il y avait les hommes libres et, au sommet, les riches nobles, qui possédaient de nombreux serviteurs et beaucoup de terres.

Les esclaves

Les *thralls* (esclaves) étaient capturés à l'étranger. Les femmes tissaient, faisaient la cuisine et meulaient le grain ; aux hommes, les travaux durs. Ils pouvaient être libérés par leur propriétaire ou racheter leur liberté.

Le travail des hommes libres

Les guerriers étaient recrutés chez les *karls,* ou hommes libres : commerçants ou paysans propriétaires de leur ferme, de leur terre et de leur bétail.

Les Vikings élevaient plusieurs races de moutons, dont des Manx Loghtan à la laine très légère.

À la maison

Le logement des hommes libres était simple. Ils s'asseyaient sur des banquettes ou des tabourets, et même parfois sur le sol, faute de mieux. Les familles nombreuses vivaient à l'étroit.

Les Vikings élevaient des poules pour leur viande et leurs œufs.

Qu'est-ce qu'un *thing* ?

Un *thing* était une assemblée locale où on discutait des problèmes communs. On voit ici le site d'Althing, en Islande, où cette assemblée se réunissait une fois par an. Les nobles et les hommes libres avaient le droit de parole. À la fin de l'ère viking, la Norvège, le Danemark et la Suède étaient gouvernés par des rois, et le *thing* disparut.

Le logement d'un noble

Les *jarls* – rois, chefs et nobles – pouvaient s'offrir de grandes maisons luxueuses, avec des meubles comme des chaises et des lits, et même des nappes. Les riches utilisaient des poteries et des pichets d'importation.

Les pauvres buvaient dans des gobelets en bois, les riches dans des coupes en verre, en étain ou en argent, ou dans des cornes.

Les nobles couchaient sur des lits tels que celui-ci, sur lequel on posait probablement un matelas de plume.

À retenir

- Les *thralls* portaient un collier pour être reconnus. Leurs femmes avaient les cheveux courts.
- La région administrée par un *thing* s'appelait un *land*.
- Les nobles mangeaient avec des couteaux et des cuillères dans des poteries décorées.

Les femmes et les enfants

Les femmes avaient bien des droits : elles pouvaient choisir leur mari et en divorcer s'il était infidèle ou violent. Les femmes des *jarls* et des *karls* pouvaient intervenir dans les débats juridiques ou politiques.

Les garçons jouaient avec des armes en bois. À l'adolescence, ils s'exerçaient avec de vraies armes.

Reproduction d'une poupée peinte

Plateau de jeu en bois

Pas d'école !

Les enfants n'allaient pas à l'école ; ils aidaient à la cuisine, au tissage et au filage, mais aussi dans les champs et les ateliers.

Couture et tissage

Les femmes passaient une bonne partie de la journée à tisser, à filer et à coudre, fabriquant des vêtements pour toute la famille.

Pour tisser une courroie, cette femme a attaché les brins de laine à son gros orteil.

On filait la laine des moutons élevés à la ferme.

Des bourreaux de travail

Les femmes travaillaient dur pour réaliser les tâches qui leur étaient réservées : faire vivre la maisonnée, mais aussi pratiquer un artisanat tel que la broderie.

Les femmes faisaient du pain de seigle ou de blé avec la farine qu'elles avaient moulue.

Indépendantes

En l'absence des hommes, c'étaient les femmes qui s'occupaient de la ferme et de la maison. Les esclaves étaient souvent employées comme nourrices.

Cette femme moud du grain sur une meule.

De l'imagination en cuisine

Chez les Vikings, c'étaient surtout les femmes qui cuisinaient. Le menu dépendait des produits disponibles, aussi devaient-elles faire preuve d'imagination.

Les jeux et loisirs

Les Vikings consacraient aussi du temps à se distraire : au cours de leurs fêtes, ils jouaient de la musique, dansaient et racontaient des histoires. L'été, ils nageaient et pêchaient ; l'hiver venu, ils sortaient leurs patins, leurs skis et leurs traîneaux.

Les Vikings appréciaient le jeu du moulin (ou mérelles).

Pion en ambre du Danemark

Les jeux de société

Les Vikings jouaient sur des plateaux en bois, en pierre ou en cuir. Les pions étaient des bouts d'os ou des tessons de poterie, mais parfois aussi des figurines ciselées.

Loisirs d'hiver

Les loisirs pratiqués par les Vikings en hiver ressemblaient beaucoup aux nôtres. Il y a au moins 5 000 ans que l'on fait du « ski » (mot norvégien) en Norvège.

Cette illustration représente Ullr, dieu viking de la Chasse et de l'Hiver.

Les Vikings appelaient « jambes de glace » les patins à glace : ils fixaient un os à la semelle d'une botte de cuir.

À retenir

- Les jeux de balle étaient très appréciés. Certains ressemblaient au hockey, mais les balles étaient en bois.
- Les Vikings aimaient nager et organisaient des concours à qui resterait le plus longtemps sous l'eau.

Folles danses

Quand on faisait la fête, on mangeait, on buvait et on dansait. Des jongleurs et des bouffons entretenaient l'ambiance. Les rois avaient leurs propres poètes : les scaldes, qui composaient des chants en leur honneur.

Les Vikings appréciaient le vin, la bière et l'hydromel (mélange d'eau et de miel fermenté).

Figurine en argent représentant sans doute un dieu dansant

La danse, parfois lente et parfois frénétique, était très populaire chez les Vikings.

En musique

Chez les riches, des musiciens jouaient de la harpe ou de la lyre pendant qu'on racontait des histoires. Il y avait aussi des chanteurs, auxquels se joignait parfois la foule sur des airs connus.

Les harpistes étaient très appréciés chez les riches.

Hommes et femmes jouaient de la musique.

Cette flûte viking a été fabriquée à partir d'un os d'une patte de mouton. On en jouait comme d'une flûte à bec.

Ce portail d'église, à Hylestad (Norvège), fut sculpté vers l'an 1200.

Quelle histoire !

Les Vikings n'ont guère laissé de documents écrits ou illustrés. Cependant, en Norvège, une vieille église en bois contient un panneau sculpté qui illustre l'ancienne légende de Sigurd, le tueur de dragons.

L'histoire de Sigurd

L'histoire de Sigurd, la plus connue peut-être des légendes vikings, se retrouve dans de nombreux récits scandinaves et islandais anciens. Dans cette saga violente et magique, il est question d'or perdu, d'un dragon tué et d'un héros qui parle la langue des oiseaux.

On voit ici un personnage jeté dans une fosse aux serpents et qui essaie de les charmer en jouant de la lyre avec ses orteils.

De fascinantes sagas

Les scaldes étaient des poètes qui racontaient des récits épiques, où il était question de batailles entre le bien et le mal et de nobles guerriers qui conquéraient des pays lointains et rapportaient des trésors. Souvent, le héros épousait la fille du roi, succédait à son beau-père et avait beaucoup d'enfants.

Des animaux magiques

Nombreux chez les Vikings, les serpents figurent dans les sagas avec des créatures mythiques comme les dragons. Ici, gravé sur une porte de la mairie d'Oslo (Norvège), un guerrier est aux prises avec un serpent.

Sur cette cassette sont gravés des animaux mythiques.

Alors, raconte !

Convaincus qu'Odin, leur dieu tout-puissant, leur avait donné le don de raconter des histoires plutôt que de les écrire, les Vikings les apprenaient par cœur et se les transmettaient oralement de père en fils.

Sigurd suce son pouce pendant qu'il fait cuire le cœur du dragon qu'il a tué.

Mythes et légendes

Cette tapisserie du XIIe siècle représente Odin, Thor et Freyr.

Avant le christianisme, les Vikings croyaient, de génération en génération, en des dieux dont ils faisaient des statues qu'ils adoraient en plein air – notamment Odin, père des dieux, Thor, dieu du Tonnerre, et Freyr, dieu de la Fertilité, à qui ils demandaient de bénir les mariages.

Thor le puissant

Dieu du Tonnerre très populaire, Thor était fils d'Odin et de la géante Jord. D'une force prodigieuse, il n'était pas toujours très malin. Il parcourait le ciel dans un chariot tiré par deux boucs.

Dans les légendes, Thor assommait géants et monstres avec son marteau. Celui-ci, appelé Mjöllnir, revenait tout seul après qu'on l'avait lancé. Il est souvent représenté sous forme d'amulette (ci-dessus).

La cascade sacrée

Pour les Vikings, Godafoss (ci-dessous), en Islande, était un lieu sacré. Ce nom signifie «chute des dieux».

Un géant pas gentil

Un mythe raconte que le géant Thrym, ayant volé le marteau de Thor, ne voulut le lui rendre qu'en échange de la déesse Freyja qu'il voulait épouser. Thor accepta et, le jour du mariage, se déguisa en Freyja. Lorsque Thrym voulut bénir sa fiancée avec le marteau, Thor s'en empara et le tua avec tous les autres géants.

Paradis de gloire

Le Walhalla était le ciel des Vikings. Cette gravure représente un guerrier mort au combat entrer dans la gloire.

Un amour de déesse

Selon la légende, Freyja, sœur de Freyr, déesse de l'Amour et de la Beauté, épousa le mystérieux dieu Od, qui disparut peu après. Elle versa alors des larmes d'or rouge qui se transformaient en ambre quand elles tombaient dans la mer.

Être suprême

Odin était le dieu du Mystère, de la Poésie, de la Sagesse et de la Guerre. Pour les Vikings, ceux qui mouraient au combat devenaient fils d'Odin.

Les rites funéraires

Avant l'arrivée du christianisme, les Vikings se faisaient enterrer avec tout ce dont ils pensaient avoir besoin après la mort : vêtements, ustensiles de cuisine, meubles, animaux et même serviteurs.

On admirera les gracieuses lignes courbes de ce navire viking trouvé à Oseberg et restauré.

L'un des trois mystérieux poteaux à tête de dragon découverts à Oseberg

Le navire d'Oseberg

Longtemps conservé dans l'argile d'un fjord norvégien, le navire d'Oseberg était en fait une chambre funéraire viking : trop fragile, il n'aurait pas pu naviguer.

Un trésor enfoui

Décoré de bandes de fer fixées par des clous, ce coffre à outils en chêne fut trouvé sur le navire d'Oseberg lorsque celui-ci fut exhumé en 1903.

Des navires de pierre

Quand il était trop pauvre pour se faire ensevelir dans un bateau, le Viking dressait des pierres autour de sa tombe en forme de navire.

Un riche harnais

Cet élément de bride fut découvert dans la tombe d'un riche viking.

Un mémorial

Ce monument fut construit par le roi Harald «Dent bleue» à Jelling (Danemark) en souvenir de ses parents (voir p. 42).

Coupe d'argent gravée trouvée près du site funéraire de Jelling

Gravé dans la pierre

À la différence d'autres civilisations anciennes, les Vikings n'écrivaient pas sur du papier ou du parchemin : ils se contentaient de graver leurs textes sur de la pierre ou parfois sur du bois. Les lettres de leur alphabet (les runes) étaient simples et donc faciles à graver.

Renaissance
Avec des outils simples et un bon savoir-faire technique, ce tailleur de pierre contemporain tente de recréer un monument viking aux gravures complexes.

Inscriptions runiques

Les runes
Au cours de ses voyages à travers la Grèce, un Viking grava des runes sur cette statue de lion dans le port du Pirée.

On voit ici l'un des deux côtés de la pierre de Jelling telle qu'elle fut reconstituée ; il est orné d'animaux mythiques gravés.

À l'origine, les dessins devaient être peints de couleurs vives.

Des sortes de ruban soulignent les bords de la gravure.

Une stèle funéraire
Le roi Harald « Dent bleue » fit dresser cette pierre en souvenir de ses parents sur le site funéraire royal de Jelling au Danemark. L'un de ses trois côtés est couvert de runes.

A, b, c = f, u, th

L'alphabet runique variait d'une région à une autre, mais le plus courant est appelé *futhark,* d'après ses trois premiers caractères. Chaque caractère représentait à la fois une syllabe et un mot, par exemple « année » ou « soleil ».

On attribuait aux runes des propriétés magiques. On les gravait sur des pierres pour prédire l'avenir, guérir les malades, bénir les gens, les lieux et les objets.

Pour les protéger, les Vikings conservaient leurs peignes fins dans des étuis.

Des pierres dressées

On a découvert plus de 3000 pierres dressées couvertes de runes, en Scandinavie mais aussi ailleurs en Europe. Celle-ci est un monument dédié à un roi danois mort au IXe siècle.

Fier de son œuvre

Les Vikings employaient les runes à des fins pratiques, par exemple pour marquer des objets. Sur cet étui de peigne est inscrit: «Thorfast a fait un bon peigne.» Gravées sur les armes, on pensait que les runes accroissaient la puissance du guerrier.

L'arrivée du christianisme

Commerçants et guerriers vikings avaient rencontré le christianisme dans toute l'Europe mais ils ne l'adoptèrent que tardivement. Certains ne furent convaincus qu'en constatant que leurs dieux ne châtiaient pas les missionnaires et rois chrétiens.

La croix protectrice

En pays chrétien, pour s'éviter des difficultés, les commerçants vikings portaient souvent une croix. Celle-ci fut découverte à Birka, en Suède.

Certains thèmes anciens persistèrent chez les Vikings : les têtes de dragon qui ornent cette église s'inspirent de leur mythologie.

Église en bois debout au musée d'Art populaire d'Oslo (Norvège)

Des croix de bois servent d'ornement.

L'enterrement à l'église

Devenus chrétiens, les Vikings construisirent des églises dans toute la Scandinavie. Ils adoptèrent les rites funéraires chrétiens et cessèrent d'enterrer les morts avec leurs biens.

Moule en stéatite trouvé à Himmerland (Danemark)

Marteau de Thor

Croix chrétienne

Marteaux et croix

Avec ce moule original, l'artisan pouvait fabriquer à la fois des croix et des marteaux de Thor. Même devenus chrétiens, beaucoup de Vikings restaient malgré tout attachés à Thor.

Saint Anschaire

Dans une église de Suède, cette gravure représente saint Anschaire apportant le christianisme en Scandinavie. Le roi suédois Björn l'invita à construire une église.

Œuf de la Résurrection fabriqué en Russie

D'anciens œufs de Pâques

Cet œuf joliment décoré symbolise la Résurrection du Christ. Il fut sans doute apporté chez les Vikings de Suède par des missionnaires russes.

Cette gravure montre la destruction d'une statue du dieu Thor : le roi Olav II Haraldsson convertit son peuple en lui prouvant que Thor n'avait aucun pouvoir.

Les rois et le christianisme

En Norvège, le roi Olav II Haraldsson convainquit son peuple d'adopter le christianisme : c'était pour lui un moyen de renforcer son contrôle sur son royaume en faisant primer la force du droit sur celle de l'épée.

Crucifix sculpté dans le chêne et incrusté de cuivre

Le Christ roi

Sur cette représentation danoise du Christ en croix, celui-ci apparaît victorieux, la tête ceinte d'une couronne. Seules ses mains sont clouées sur la croix.

Par-ci, par-là

À bord de leur navire, les Vikings recherchent une terre où faire halte. Réponds correctement aux questions pour les aider dans leur quête.

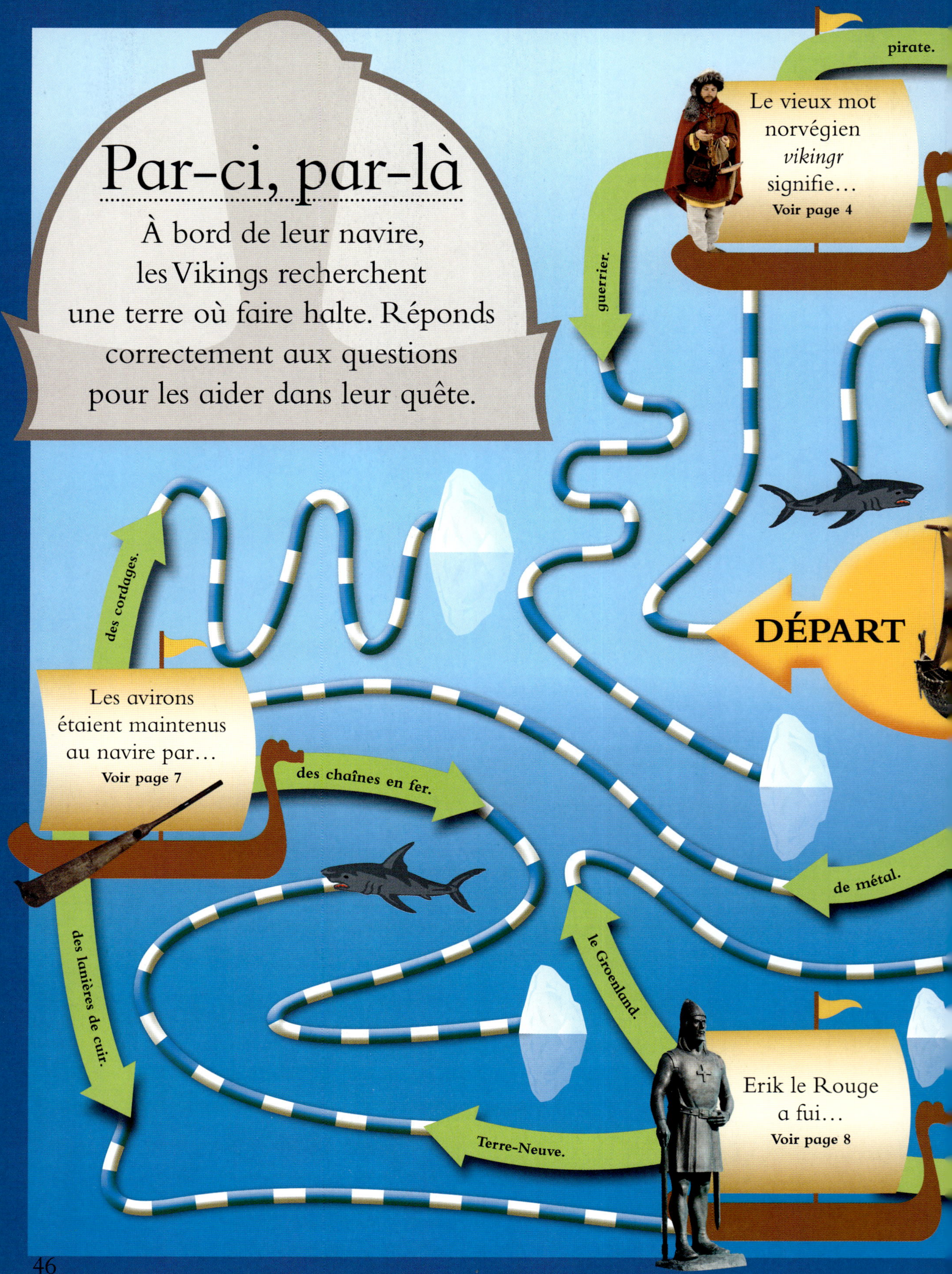

Les Vikings étaient d'excellents…
Voir page 4
danseurs.
sculpteurs.
peintres.
roi des mers.
Les Vikings ont découvert l'Islande en…
Voir page 9
930.
860.
560.
Les casques vikings étaient faits de plaques…
Voir page 5
de bois.
d'or.
l'Islande.
ARRIVÉE

Vrai ou faux ?

Teste tes connaissances sur les Vikings. Les affirmations suivantes sont-elles vraies ou fausses ?

Les **objets précieux** étaient rangés dans des armoires fermées à clé.
Voir page 17

L'**arme de Thor**, une lance, est souvent représentée sous forme d'amulette.
Voir page 38

Les chaussures, les ceintures et les vêtements étaient fabriqués en **cuir**.
Voir page 26

Les Vikings effrayaient l'ennemi avec des **figures de proue** monstrueuses.
Voir page 7

Les Vikings utilisaient une **boussole** pour naviguer.
Voir page 6

Les Vikings jouaient à des **jeux de société** gravés sur des plateaux en bois.
Voir page 34

Les tissus étaient réalisés avec des **métiers à tisser horizontaux**.
Voir page 26

Les **bijoux** reflétaient le statut social du viking.
Voir page 20

Les **enfants** jouaient avec de vraies armes en fer.
Voir page 32

Les Vikings enterraient les **morts** avec leurs biens, dont le mobilier.
Voir page 40

Les **meilleurs guerriers** se voyaient attribuer des terres et du butin.
Voir page 13

Retour au foyer

Un guerrier viking rentre chez lui après une longue bataille. Aide-le à déjouer tous les obstacles rencontrés en chemin. Bonne route !

Règle du jeu

De 2 à 4 joueurs

Il te faut
Un dé
Des pions (un par joueur)

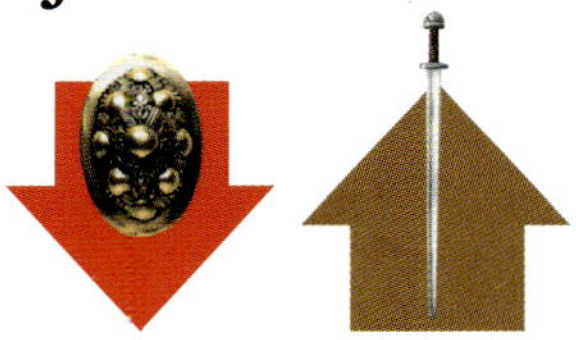

Découpe les casques ci-dessous, ou dessine tes propres pions. Place les pions sur la case DÉPART.
À tour de rôle, chaque joueur lance le dé. Avance d'autant de cases que le résultat indiqué sur le dé. Si tu atterris sur une case avec des instructions, fais ce qui est écrit.
Bonne chance !

Tu fais parler les runes. **Avance de 2 cases**
ARRIVÉE
Bravo, le guerrier viking est rentré chez lui sain et sauf !
Éruption volcanique ! **Passe un tour**
Tu trouves un sac rempli de pièces d'or ! **Avance de 3 cases**
Tu viens de perdre de précieuses bagues en or. **Recule de 5 cases**
Montagnes en vue ! **Recule de 2 cases**
Tu pourchasses un cerf. **Recule de 4 cases**
Des baies t'apportent du tonus. **Avance de 2 cases**

Qui suis-je ?

Connais-tu bien les Vikings ? Toutes les images figurant ici sont dans le livre : sauras-tu identifier chacune d'elles à partir des indices ?

Amulette gravée

Coupes en verre et en étain

Perles de verre

Bagues

Cotte de mailles

Langskip

Ce récipient était utilisé pour cuire la nourriture au-dessus du feu. **Voir page 24**

Les musiciens jouaient de cet instrument pendant qu'on racontait des histoires. **Voir page 35**

On attribuait à cet alphabet des propriétés magiques. **Voir page 43**

En pays chrétien, les commerçants vikings en portaient pour s'éviter des difficultés. **Voir page 44**

Cet objet fut trouvé près du site funéraire de Jelling. **Voir page 41**

Cet assemblage de branches tressées formait la structure de base des maisons vikings. **Voir page 17**

Cette embarcation était conçue pour naviguer en eau peu profonde. **Voir page 11**

Elle était utile aux Vikings pour peser l'argent et autres métaux précieux. **Voir page 29**

Cette tunique protectrice était faite de milliers d'anneaux en fer reliés entre eux. **Voir page 19**

Paysan

Coupe d'argent

Harpe

Clayonnage

Canard

Balance

Croix

Runes

Pièces de monnaie

Chaudron

Épée

Broche

Ce bijou a été réalisé avec des feuilles d'or pressées. **Voir page 20**

On utilisait cette arme dans les combats au corps à corps. Les plus riches faisaient décorer sa poignée. **Voir page 15**

Celles en verre étaient très convoitées. **Voir page 21**

Ce bijou évoque le marteau du dieu Thor, personnage de la mythologie viking. **Voir page 20**

Elles furent fabriquées en grande quantité sous le roi Harald «Dent bleue». **Voir page 29**

Les Vikings riches buvaient dans des cornes et dans ces récipients. **Voir page 31**

On le capturait en posant des pièges ou en tirant des flèches courtes. **Voir page 25**

Les hommes de ce rang social partaient à la guerre sans vêtement de protection. **Voir page 19**

Hommes et femmes vikings en portaient aux doigts. **Voir page 21**

Glossaire

Voici quelques mots qu'il est utile de connaître à propos des Vikings.

Argent haché Lamelles d'argent provenant de bijoux ou de monnaies coupés à la hache et qui servaient de moyens de paiement.

Barbare Personne sauvage ou inculte ; les Vikings étaient considérés comme des barbares.

Baudrier Bande de cuir attachée en travers du corps pour tenir l'épée.

Cassette Petite boîte, souvent décorée, dans laquelle on conservait des objets précieux ou des reliques.

Chaudron Grosse marmite en fer ou en stéatite dans laquelle on faisait la cuisine.

Clayonnage Enchevêtrement de branches qu'on enduisait d'une épaisse couche de **torchis** pour faire les murs.

Coque Corps du navire.

Cotte de mailles Armure souple faite de petits anneaux en fer reliés ensemble, comme un tricot.

Drakkar Terme impropre, inventé au XIXe siècle : les Vikings partaient en expédition sur des *langskips* ou des *knörrs,* qui pouvaient se manœuvrer à la fois à l'aviron et à la voile.

Église en bois debout Église tout en bois dont la structure repose sur des piliers en bois.

Figure de poupe Sculpture ornant l'arrière d'un navire.

Figure de proue Sculpture ornant l'avant du navire.

Fjord Golfe, souvent bordé de falaises, où la mer pénètre profondément à l'intérieur des terres.

Forgeron Artisan qui fabrique des armes, des chaudrons, des serrures, mais aussi, chez les Vikings, des bijoux.

Fuseau Instrument en bois tourné, effilé aux extrémités et renflé au milieu, qui sert à tordre et à enrouler le fil de laine ou de lin.

Futhark Ancien alphabet scandinave, dont le nom est donné par ses trois premiers caractères (voir **runes**).

Garde Collier de métal séparant la lame de l'épée et sa poignée, protégeant la main.

Gréement Ensemble des voiles et cordages d'un bateau.

Jarl Noble ou chef viking ; c'est l'une des trois classes de la société viking (voir aussi ***karl***, ***thrall***).

Karl Homme libre (non esclave) ; la plus importante des trois classes de la société viking (voir aussi ***jarl***, ***thrall***).

Mât Poteau en bois ou en métal qui soutient la voile.

Meule Pierre ronde servant à concasser le grain pour en faire de la farine.

Missionnaire Toute personne qui cherche à convertir à sa religion ceux qui ont d'autres convictions religieuses.

Niellure Incrustation d'un mélange noir de soufre, d'argent, de plomb ou de cuivre pour décorer un métal précieux, par exemple l'argent.

Nouveau Monde Ainsi appelle-t-on généralement l'Amérique du Nord et du Sud, que les Anciens ne connaissaient pas.

Piller S'emparer par la force des biens d'autrui ; partout où ils allaient, les Vikings pillaient villes, villages, fermes et monastères.

Poupe Arrière d'un navire (à l'opposé de la **proue**).

Proue Avant d'un navire (à l'opposé de la **poupe**).

Quille Longue section de bois qui court à la base d'un bateau, de la proue à la poupe ; c'est sur elle que repose la charpente du bateau.

Rempart Talus fait de terre et renforcé par un clayonnage ; les remparts étaient un moyen de protection.

Runes Anciennes lettres scandinaves, s'inspirant de caractères grecs et romains simplifiés, pour qu'elles soient plus faciles à graver.

Scalde Artiste viking qui composait et récitait des poèmes sur les rois, les batailles et les héros.

Stéatite Pierre tendre, souvent employée pour fabriquer des chaudrons ou des moules à bijoux.

Thing Assemblée locale ; tous les hommes libres pouvaient y prendre la parole, et tous les habitants du district devaient se soumettre à ses décrets.

Thrall Esclave viking qui appartenait à quelqu'un pour qui il travaillait ; les esclaves constituaient l'une des trois classes de la société viking (voir aussi ***jarl***, ***karl***).

Torchis Mélange d'argile et de paille qui servait à isoler les murs.

Traîneau Surface plate posée sur deux patins. On s'en servait pour transporter des personnes et des marchandises.

Trilobé En forme de trèfle ; forme souvent employée pour les bijoux vikings et surtout pour les broches.

Site funéraire viking en Suède

Index

Remerciements

Dorling Kindersley remercie Dave Thirlwall du Murton Fark Viking village, York, R.-U.; Alicia Anderson, Max Bongart, Dave Elliott, Jill Moore, Duncan Morris-Metcalf, Victoria Midda, Kay Newman, Rebbecca Pateman, Susan Rawlings, Rebecca et Sophie Scott, John et Fenn Lomax Shulver, Doreen et Peter Smith, Mick Suffolk, Andrew, Fayth, Kerri, et Wyatt Thomas, Bruce Tordoff, Paulina et Stanislaw Wdowczyk, Jane Wheatley, et Alison Wood photographiés ici ; Andy Cooke pour la partie artistique ; Iorwerth Watkins pour la cartographie ; Hedi Gutt et Siamak Tannazi pour leur assistance photographique ; et Anna et Martin Edmondson, assistants locaux. DK remercie aussi Fleur Star et Caroline Bingham qui ont relu les épreuves.

Crédits photographiques

L'éditeur remercie les personnes suivantes de l'avoir autorisé à reproduire leurs photographies/images :
b = bas ; c = centre ; d = droite ; g = gauche ; h = haut ; t = tout en haut

Alamy Images : Daniel Bergmann 38-39 (arrière-plan) ; Mandy Collins 12-13bd ; Danita Delimont 37t ; Bernie Epstein 7td ; David R Frazier 23t ; Les Gibbon 22cd ; Leslie Garland Picture Library 43bd ; Mary Evans Picture Library 45bg ; David Muenker 17cg ; Kari Niemeläinen 15td, 30bg, 35bd ; Nordic Photos 2-3 ; Pixonnet.com 42ch ; Robert Harding Picture Library 9tc, 40td ; Stefan Sollfors 42-43t ; Doug Steley 37bg ; Visual Arts Library 38bg ; Scott Carruthers 49b ; **Archeon.nl :** 27 ; **Jon Arnold :** Walter Bibikow 54-55 ; **The Bridgeman Art Library :** bibliothèque des Arts décoratifs, Paris, France / Archives Charmet 29td ; National Museum of Scotland 28c ; **Danny Cambré :** 32tc ; **Dick Clark :** Dick Clark 26bc ; **Corbis :** Stefano Bianchetti 11td ; Christophe Boisvieux 41d ; Wolfgang Kaehler 16t ; Charles et Josette Lenars 32bc ; Buddy Mays 28g ; Ted Spiegel 8cg, 10tg, 31t ; Stapleton Collection 45td ; Werner Forman 9cd, 36b, 37bd, 37cdh, 38t ; Yacid Levy / Robert Harding World Imagery 46bc ; **Dorling Kindersley :** British Museum, Londres 15cdh, 21cb, 21cdb, 23cd, 24cgb, 29cgh, 29cgb, 29tg, 56t ; Musée national danois 12bg, 12cgb, 13tg, 17cd, 20bg, 20c, 21bg, 21tg, 24bg, 31cg, 34ch, 38cd, 41bg, 42cd, 43ch, 43cgb 45bc ; Natural History Museum, Londres 25tc ; Musée Roskilde des Navires vikings, Danemark 7cgh ; Statens Historiska Museum, Stockholm 4tg, 20td, 29bc, 31cd, 35bg, 35cg, 39c, 39g, 41tg, 45cg ; Universitetets kulturhistoriske museer/ Vikingskipshuset 7tc ; Universitets Oldsaksamling, Oslo 26cg, 31bc, 36t, 40cd, 40g ; Yorkshire Museum 22tg, 26cd, 34cdh, 34cdb ; Cecil Williamson Collection 53cgb (chaudron), 58bg, Musée national danois 48c, 53bg, 58ch (clé en bronze), Peter Hanneberg 59bg, The Museum of London 58c, 58bc, The National Music Museum 53t (harpe), Natural History Museum, Londres 59cdb (ambre), Musée Roskilde des Navires vikings, Danemark 46cgb, 50cgb, 58bc (aviron), Rough Guides 2bc, 47cd, Statens Historiska Museum, Stockholm 52tc, 52td, 52td (coupe en argent), 58c (statue), 59ch, 59cgb, 59cb, 59bc (flûte), Universitetets kulturhistoriske museer / Vikingskipshuset 52bd, Universitets Oldsaksamling, Oslo 47tc, Vikings of Middle England 48cdb, 50cb, 51cgh, 51c, 51cgb, 51bc, 53cg, 59cdb, 59bc ; **Dreamstime.com :** Atu Studio Atu Studio 48bd, Paul Fleet 48bg, Michae Flippo 58tg, Mikhail Kokhanchikov 51cdh, Aleksander Lorenz 50bd, Margo555 51bd, Nneiole 47bd, Pterwort 53cdh, Natalia Sevriukova 59cb (carafe), Danny Smythe 46cd, 59bd, Torbjörn Swenelius 59ch (cheval), Voltan1 59tc ; **Flickr.com :** Brian Butler 9bd ; Stefan Chivers 9cg ; Michel Craipeau 7cgb ; Gunnar Danielson 17td ; Gisele Hannemyr 14-15bd ; D Prior 15tg ; Hans Splinter 23bc, 26bg, 33b ; Grant Way 21d ; **Fotevikens Museum, Suède :** 35tg ; **Fotolia :** Sascha Burkard 58ch, byrdyak 51bg, Magann 58tc ; **Getty Images :** AFP 10-11bc ; Walter Bibikow 7bd ; Per Breiehagen 34 (arrière-plan) ; Sisse Brimberg 24tg ; Robert Harding World Imagery 10c ; Hulton Archive 40bd ; National Geographic / Ted Spiegel 6b ; Nordic Photos 4bc ; Jochem Wijnands 56 (arrière-plan) ; Danita Delimont / Gallo Images 53tc, Werner Forman / Universal Images Group 53cgb ; **Carrie Love :** 5bd, 15bd, 16b, 17bd, 17tc, 17tg, 18bd, 18c, 18g, 19d, 22cb, 29bg, 30cd, 30-31, 32bd, 32td, 33c, 33td ; **PBase :** Jim Lanyon 35bc ; **Reuters :** Kieran Doherty 1 ; **Scanpix Denmark** : 14c ; **Still Pictures :** Markus Dlouhy 31bg ; Thomas Haertrich 18cd, 33tg ; **TopFoto.co.uk :** 30t ; The British Library 6t ; The British Museum 10td ; Firth 24-25b ; **Gary Waidson :** 15cg, 35td ; Gary Waidson 26tg ; **Werner Forman Archive :** 44b, 45d ; British Museum London 11bc, 11bg ; Musée national, Copenhague 45tg ; Statens Historiska Museet, Stockholm 11bd, 39bd ; Wikipedia, **The Free Encyclopedia :** Árni Magnússon Institute, Islande 34bg ; Casiopeia 41cg ; **York Archaeological Trust :** 28cb

Couverture : Images Dorling Kindersley sauf 1er plat : © Corbis : Walter Bibikow / JAI c, Ted Spiegel, c/ Dreamstime.com : Chaoss, I4lcol 2, Marina Pissarova ; 4e de couverture : © Daniel Bergmann / Alamy

Coiffe de mailles

Lance à hampe
et lame droite

Broche

Bouclier

Taureau longhorn

Poussins

Clé en bronze

Casque

Cotte de mailles

Anneaux rivetés

Hache

Dieu viking

Mûres

Jeu de société

Poisson séché

Dieu Odin

Corne à boire

Pain

Œufs

Navet

Poireaux

Chaudron

Aviron

Meule et broyeur

Panais

Filage de la laine au fuseau

Viking avec
une longue hache

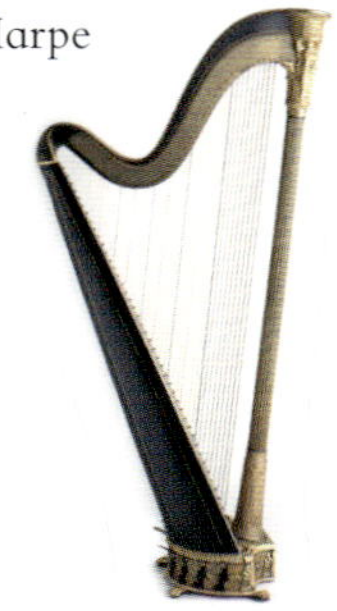

Harpe

Peigne
et son étui

Toque en fourrure

Guerriers
vikings

Gravure de
navire viking

Cheval

Coupe en verre soufflé

Runes

Palissade en branches
tressées (clayonnage)

Panier de pêche

Attache en métal

Croix protectrice

Carafe

Élément de bride

Collier

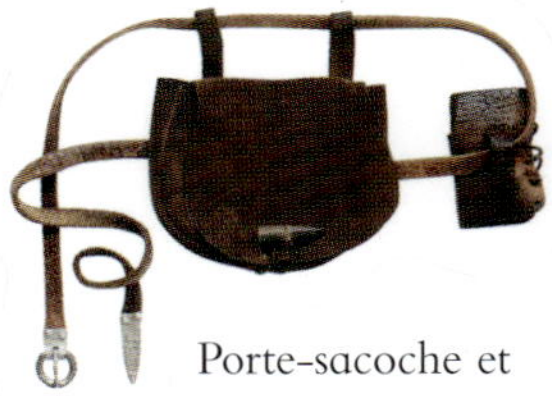

Porte-sacoche et
porte-hache en cuir

Perles d'ambre

Cavalier en argent

Tonneaux
d'alcool

Langskip

Entrée d'un fort viking

Couteaux

Flûte

Couteau

Demi-tonneau en bois

Bouddha en bronze

Œuf de la Résurrection

Fer de lance

Gravure sur pierre

Tunique en cuir matelassée

Laine tondue

Coupe en argent

Ceinture en cuir

Coffre à outils

Tête sculptée en argent

Enfant viking

Gobelet à dés

Pot d'argile

Bracelets en or

Pommeau d'épée

Collier de perles

Balance

Pot

Feu

Guerrier sculpté

Bijou

Pendentif

Langskip

Bijoux en argent

Corne

Broche

Mouton d'Ouessant

Bouclier en bois

Bracelet de bras

Casque viking

Bottes en cuir

Costume viking

Dieu dansant
en argent

Anneau
riveté

Collier
en perles d'ambre

Maison en bois debout

Plaque chauffante

Commerçant
viking

Panier en osier bordé
de mousse séchée

Guerrier
viking

Épée

Pièce de jeu d'échecs

Figure de proue

Marteau
de Thor
(amulette)

Arc viking

Bagues en or

Carte des routes maritimes empruntées par les Vikings

Flèches vikings